Sagen und Märchen als

Weggefährten

Frühlingsmond 2020

Ostern und Walpurgis

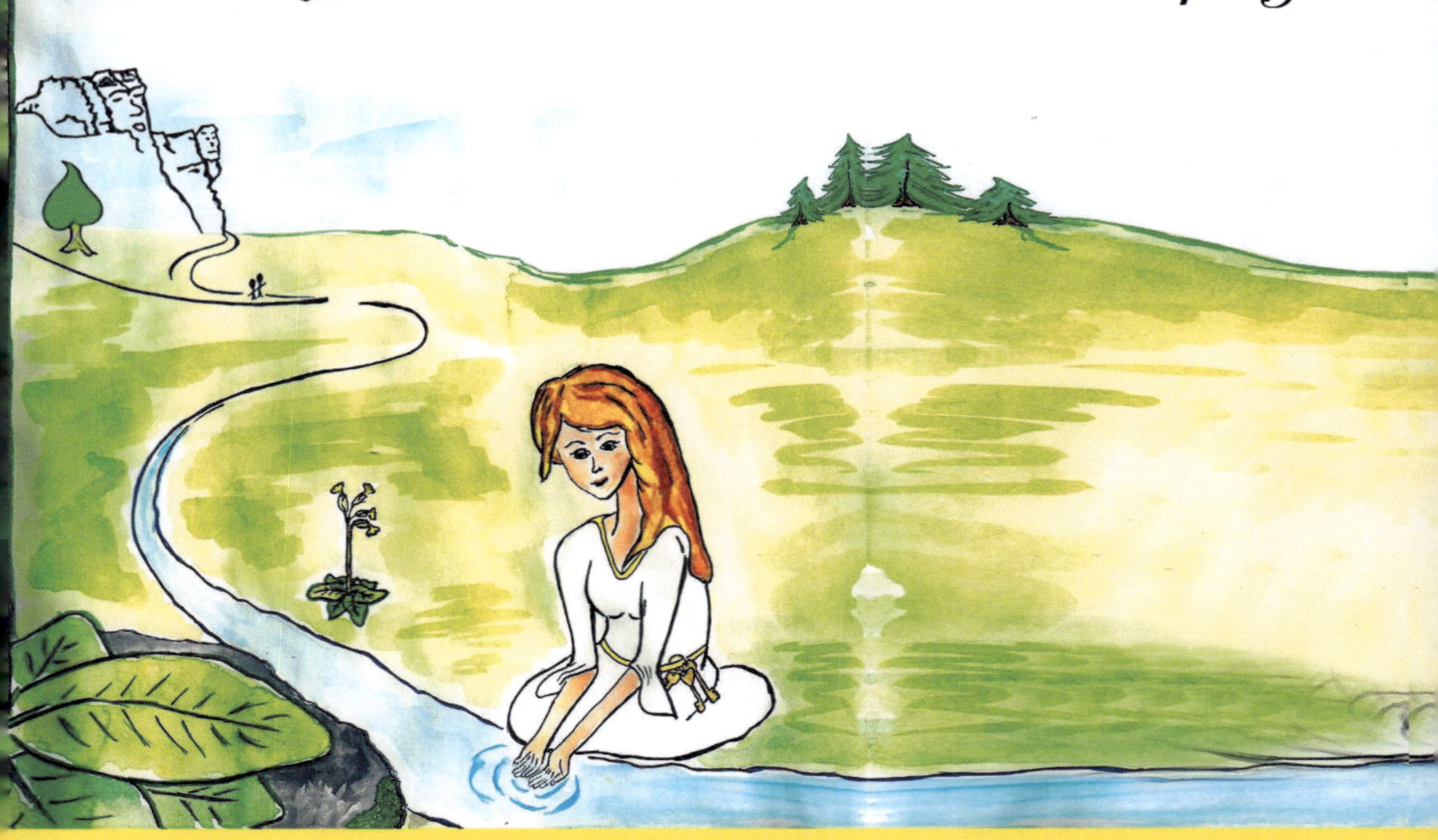

Eine Zeitschrift von Maria-Kathleen Zorn & Carsten Kiehne

Bibliografische Information der Deutschen Nationalbibliothek: Die Deutsche Nationalbibliothek verzeichnet diese Publikation in der Deutschen Nationalbibliografie; detaillierte bibliografische Daten sind über dnb.d-nb.de abrufbar.

Die Erzähler von „Sagenhafter Harz"

Carsten Kiehne gehört seit vielen Jahren zu den renommiertesten Kennern der Harzer Sagenwelt. Als Autor und Herausgeber vieler Bücher wie „Die bekanntesten Sagen aus dem Ostharz & ihre geheime Bedeutung", „Mythen, Sagen und Märchen um und über Thale", „Kräutersagen aus dem Harz", „Sagenhaftes Glück" & „Sagenhafte Sagensammler" sowie TV- Auftritten wie in der MDR Produktion „Wie die Roßtrappe und Bode ihren Namen bekamen" ist er überregional bekannt. Als Initiator der Interessensinitiative „Sagenhafter Harz" gibt er Workshops und Führungen zum Thema im gesamten Harz.

(Dipl.Soz.Päd., Autor, Sagenerzähler, Wanderführer, Reiki-Meister, Meditationslehrer > www.sagenhafter-harz.com)

Maria-Kathleen Zorn fasziniert seit Jahren Groß & Klein als Märchenerzählerin. Beim Erzählen liebt sie das Strahlen in den Augen ihrer Zuhörer. Besonders wichtig ist ihr das gemeinsame Reflektieren der Geschichten im Anschluss an die Märchenstunden, da man sich über die Symbolsprache der Märchen & die darin wohnenden, tiefen Heilbilder, durch Gespräche, Rollenspiele oder Traumreisen, selbst erfahren kann.

(Sozialpädagogin B.A., Märchentherapeutin, Märchenerzählerin, Maltherapeutin für LOM, Reiki-Meisterin > www.goldmaria.de)

Manuela Petri begeistert mit ihrem „Glückstraining", ganz gleich, ob in privaten Wanderführungen, im Rahmen vom Schulunterricht oder als Workshop in renommierten Kliniken. Sie liebt das Licht & den Schatten & zeigt gerade durch die Annahme ungeliebter Anteile, wie es uns gelingt, diese heilsam & ganzheitlich zu integrieren. Als Co-Autorin des Buches „Sagenhaftes Glück" zeigt sie mittels diverser Achtsamkeitsübungen auf, wie wir uns in die Natur einfühlen, dabei die eigene Natürlichkeit entdecken & die Schönheit des Lebens begreifen können!

(Glückstrainerin, Mediengestalterin, Tischlerin, Reiki-Meisterin a.d.W. & Entspannungstrainerin i.A. > manupetri@web.de)

Impressum

Texte & Titelbild	© Copyright by Carsten Kiehne & Maria-Kathleen Zorn
Fotos:	© Copyright by Carsten Kiehne & Stefan Herfurth
Bild- & Coverbearbeitung:	© Copyright by Manuela Petri
Satz, Layout & Verlag:	Selbstverlag SAGENHAFTER HARZ
	Grünstr. 20, 06485 Bad Suderode
	www.sagenhafter-harz.com & carsten.kiehne@gmx.net

Erstveröffentlichung & ISBN: März 2020, 978-3-750494596

Vom sagenhaften Inhalt

Unser Rosstrappen-Foto-Shooting
„Frohlein Wunderlich & Druide Gutmundur"
von Stefan Herfurth Photographie

Der schlimmste Virus

Endlich etwas Schönes …

Zuhauf bekomme ich in den letzten Tagen Mails oder Facebook-Nachrichten mit eben jener Stimmungslage: „Danke, endlich mal eine schöne Geschichte, etwas zum Aufatmen & Krafttanken; etwas, das mich lächeln lässt - jetzt kann ich bestimmt gut schlafen!"

Ganz gleich was ich gerade mache, irgendeine Zeitung aufschlage, das Radio aufdrehe, den Fernseher anschalte oder zufällig ein Gespräch 2er Menschen aufschnappe: Es geht immer nur darum: CORONA, gleich schwappt eine gewaltige, emotionale Welle über unseren Verstand, erstickt scheinbar jegliche Klarheit & Freude.

Kaum haben wir den Kopf aus dem Wasser gehoben, schnappen nach Luft, da wirbelt uns schon die nächste Welle herum: Inflation, Börsencrash, soziale Schieflage, Flüchtlingskrise, Terror … Schweine-GRIPPE, VogelPEST, Corona-PANDEMIE – arghhh!

Ich denke, wir verkennen das große Ganze! Wir haben Angst & sehen deshalb nicht nur durch eine schwarze Brille, sondern haben einen Jute-Sack auf dem Kopf, schön fest am Hals zugeschnürt. Angst ist ein wichtiger Prozess … bei einer wirklichen Gefahr. Aber was bringt es uns, unter einer Angst zu leiden, wenn wir es nicht in der Hand haben, was geschieht? Ich sage: Unsere panische Angst ist der schlimmste Virus unserer Zeit!

Jeder 7. Deutsche leidet im Laufe des Lebens an einer Angststörung!!!

Tendenz steigend! Behandlungserfolg fragwürdig!

Versteht mich bitte nicht falsch: Die Betroffenen & Angehörigen haben mein ganzes Mitgefühl! Jedoch nicht mein Mit-LEID.

„Geteiltes Leid ist halbes Leid!?"

So ein Unsinn! Wem hilft es, wenn Beide leiden? Wenn ich leide, verschwinde ich im Dunstkreis meiner Angst. Und Angst ist kein guter Ratgeber, sie schwächt mich, hemmt mein körpereigenes Immunsystem, krallt sich wie ein Dämon um mein Herz! Lasse ich mich von meiner Furcht besiegen, bitte ich die Corona erst zur Tür herein. Mit solch einer Angst, bin ich schon Tod, obwohl ich noch lebe!

Apropos „leben". Was passiert denn gerade wirklich? Wenn ich den Jutesack vom Kopf nehme & mir die Natur anschaue, sehe, höre & rieche ich, dass neues Leben erwacht! Der Frühlings ist heimlich eingezogen. Die ersten Blumen blühen, Forsythienhecken haben sich geschmückt & Heilkräuter, wie Brennnesseln, Giersch & Bärlauch schießen aus dem Boden, die – glaubt man den Sagen – mit Bärenkräften, jeden Krankheitsgeist vertreiben! Die Natur hat den „Kampf" fürs Leben längst aufgenommen. Mutter Erde hätte wahrlich Grund zum Leiden. Doch sie erzählt uns gerade – unübersehbar für alle, die keine tiefschwarze Brille tragen – ihr Märchen von Güte & Schönheit, von der Wiederauferstehung & der Liebe zum Leben! Es ist die schönste Geschichte überhaupt & unsere Ahnen, wussten dies mit dem Osterfest zu ehren …!

Mögen wir in dieser Geschichte unseren Frieden finden & unser Lächeln behalten! Uns allen eine heilsame Zeit! Euer Sagenerzähler Carsten Kiehne

4

Auswahl öffentlicher Termine

Tag	Zeit	Veranstaltungsname	Preis
1.Dienstag im Monat	19:00-20:30	**Sagenhaftes Glück,** Märchenabend im Clubraum, Paracelsus-Harzklinik in Bad Suderode	Spende
2.-4. Dienstag im Monat	18:30-20:30	**Sagenhafte Abendwanderungen** Paracelsus-Harzklinik in Bad Suderode	Spende
26.03.	19:00-20:30	**Quedlinburger Anekdoten,** Buchhandlung Pfeifer, Quedlinburg	5,- pP
09.04.	Nachmittags	**Kulinarische Stadtführung mit dem Thema „Osterbräuche"** Kartenvorverkauf im Regionalladen Quedlinburg	49,- pP
11.04.	15:00-18:00	**Sagenhaftes Glück – Basisworkshop**	25,- pP
13.04.	05:30-08:30	**Osterwasserholen** (Treffpunkt: Behringer Brunnentempel Bad Suderode; Bitte mitbringen: Ein natürliches Geschenk für die Quelle!)	15,- pP
01.05.-03.05.	siehe Internetseite	**Wochenend-Workshop „Achtsame Schritte auf dem Teufelsmauerstieg",** Grünstr. 20 Bad Suderode	195,-pP
02. & 03.05.	Sa.10-17:30 So.10-15:30	**Märchen malend erforschen,** MalRaum Heckenbeck (max. 4 Personen > Anmeldung über www.goldmaria.de)	160,-pP
07.06.	Nachmittags	**Kulinarische Stadtführung mit dem Thema „Kräutersagen"** Kartenvorverkauf im Regionalladen Quedlinburg	49,- pP
19.06.-21.06.	siehe Internetseite	**Basis-Workshop „zum Sagen- & Märchenerzähler",** Grünstr. 20 Bad Suderode	220,- pP
…	…	*Freut euch auf mehr …*	

Natürlich gibt es weit mehr öffentliche Termine & Führungen zu sagenumwobenen Orten (wie dem Teufelsantlitz rechts im Bild an der Teufelsmauer), die erst im Laufe der nächsten Monate hinzugefügt werden. Wir bitten um Verständnis: Die meisten Veranstaltungen lassen nur eine begrenzte Teilnehmerzahl zu. Wer sich zuerst verbindlich anmeldet, bekommt den Platz!" (Verbindlich angemeldet ist jene Person, deren Teilnehmerbeitrag eingegangen ist)

Lust auf eine individuelle Führung?

Selbstverständlich könnt ihr uns für euer Event (Geburtstag, Hochzeit oder ein etwaiges Jubiläum) gerne buchen! Fragt einfach an: Für Gruppen von 5-105 Jahren erstellen wir gerne individuelle Führungen oder Erzähl-Veranstaltungen! (Preise je nach Vereinbarung)

Vergangene Veranstaltungen

Neben den vielen wiederkehrenden Veranstaltungen, wachen zwei die Eindrücklichsten:

Unsere Traditionswanderung

Mindestens einmal im Jahr wandern wir mit Fans von Sagenhafter Harz & Stefan Herfurth Photographie & sammeln am Ende Hutgeld für einen guten Zweck! Viel Wandervolk kam diesmal auf die Beine, was die Götter wiederum erfreute, gut ersichtlich daran, dass sich sogar die Sonne ab & an raus traute! Mit über 50 Personen machten wir über die Grenze (von Preußen nach Anhalt), lauschten dem Zollwächter & dem Jäger, der mit seltsamen Methoden dem „pupsenden" Hirsch auflauerte; hörten von der dunklen Geschichte des heutigen Kurorts im 30jährigen Krieg & davon, dass es schon damals Waldtelefone gab (die Hillebille), wünschten uns etwas am Opferstein & sahen den Leibhaftigen Quälgeist (gemeint der Teufel) am Preußenturm.

Am Ende lagen für die Kinder des Horts Gernrode sage & schreibe 200,- € im Hut. Dieser kleine Schatz wurde vor Ort übergeben & wird für einen natürlichen Sonnenschutz für die Kinder eingesetzt, was heißt, dass wir Bäume pflanzen werden! 😊 Danke für eure Teilnahme & die sagenhaft schönen Stunden!

Sagenhafter Unterricht

Immer wieder werden wir an Schulen eingeladen, um den Kids Heimatgeschichte näherzubringen & überall machen wir die gleichen Erfahrungen (spannenderweise unabhängig von der Klassenstufe!): Die Kids lassen sich begeistern & ein Großteil, findet das Thema Sagen am Ende "voll spannend", "cool" & "wollen nochmal" den Geschichten ihres Ortes lauschen!

Diesmal waren wir an der Oberschule von Bülow in Vienenburg & erzählten vornehmlich Geschichten dieser Gegend, die (wie so oft) den Schülern gar nicht bekannt waren: Von der Wilden Jagd &, wie der Teufel die Burg im Harly erbaute, vom Aukerteewe, dem Basilisken oder dem Feldherren Wallenstein, der auf der Vienenburg saß & Angst vor einem Hahnenschrei hatte. Diese Sagen reflektierten wir: Welche Sachinformation ist an der Sage wahr? Gibt es Ahnungen, also moralische Wertvorstellungen, die uns unsere Großmütter & Großväter durch die Geschichte mit auf den Weg geben wollten? Welche Gefühle kommen beim Lauschen auf? Da setzen wir an. Freilich gibt es Witziges aber auch Spannendes: Da wird von Monstern & Angst, von Gewalt & Rache erzählt - damit kann jeder etwas anfangen & jeder Mensch hat Ängste (ganz gleich, wie banal sie vielleicht auf den 1.Blick sein mögen). Doch, wie gehen wir damit um - im Hier & Jetzt? Plötzlich steht die ganze Gruppe im Raum & übt sich bei einer Entspannungsübung. Gruppendynamische Spiele zeigen, wie wichtig Zusammenhalt in der Klasse ist ... & am Ende: Die Mutprobe! Manch einer traut sich nicht! Wer sich traut vor seinen Mitschülern zu sagen: "Davor habe ich Angst, das mache ich nicht!", ist genauso mutig, finden wir & verdient unseren Respekt! Harz'liche Grüße, euer Carsten

Zeit für Sagen & Märchen

Die Krellsche Schmiede

Spöttisch und auch mit einem Maß an Missgunst, begafften die Altvorderen den jungen Schmied, der von irgendwoher nach Wernigerode gezogen war. Seltsam kleidete sich dieser Michel Krell und gar merkwürdig sprach er, dieser Schwabe. Freundlich war Krell zwar immer, aber damals wohnte Argwohn in der Herzen der Harzer, seitdem der Teufel in allerhand Gestalt versucht hatte, in die Stadt zu kommen …! In jener Zeit – in der draußen der Krieg tobte, Hunger und Not an der Tagesordnung waren und überall die Hexen feixten, hatten diese Truden doch den schwarzen Tod schon viel zu nah an die Stadtmauern Wernigerodes herangebracht – beäugte man jeden Fremden misstrauisch.

In einem Hinterhof hatte sich der Krell eine kleine Schmiede eingerichtet und über Nacht unfreiwillig Besuch bekommen. Die Zwerge, die man von der Harburg

Die Harburg, frühere Wohnstatt der Wernigeröder Zwerge

und aus dem „Klaren Loche" vertrieb, waren bei vielen Alt-Wernigerödern vorstellig geworden und hatten um eine Bleibe gebeten, wurden aber abgewiesen. Erst Jener, der wie sie nicht willkommen war, gewährte Ihnen das Gastrecht, das man an solch bitterkalten Tagen niemandem abschlägt. Und siehe da, die Zwerge entpuppten sich als wahre Helfer, waren sie doch selber Meister der Schmiedekunst und Herren über Stein und Metall. Bald hatte Krell eine solche Fertigkeit von ihnen erlernt, dass jeder Gutsherr, selbst der Graf zum hohen Schlosse, Krellsches Eisen über jedes andere stellte. So kam es denn, dass Michel Krell 1645 nicht

nur das Bürgerrecht bekam, sondern sich 1678 in der Neustadt die „Krell'sche Schmiede" errichten konnte. Trotz des neuen Ansehens durch seine Kunst, behielt er ein gutes Herz und hilfreiche Hände.

In einer Winternacht, in der draußen furchtbare Winde wüteten, klopfte es dreimal ans große Tor der Krell'schen Schmiede. Krell pellte sich aus seinen Decken, öffnete die Tür und sah vor sich einen gespenstischen Reiter auf einem riesigen Knochenross sitzen. Rot blitzende Augen schauten aus einem Gugel auf den Schmied herab … und einige Zeit war es still. Da der Reiter in Krell keine Angst witterte, streckte er seinen bleichen Zeigefinger zum linken Vorderhuf seines schnaubenden Rosses aus und der Schmied sah gleich, dass das Hufeisen fehlte. Krell verbeugte sich kurz, eilte in seine Werkstatt und kam prompt mit Hammer und Nägeln und einem passenden Eisen zum Reiter zurück, das Pferd zu beschlagen.

Weißer Qualm dampfte aus den Nüstern des Tieres und hüllte den Schmied in eisige Verdammnis. Den aber scherte alles wenig, er tat halt, was getan werden musste. Wie der Reiter feststellte, das kunstvoll gefertigte Zwergnägel nun dafür sorgen würden, das dieses neue Hufeisen ewig hält, da gewährte er dem Schmied einen Wunsch, mahnte ihn aber, es solle schon das Beste sein! „Das Beste?", lachte Krell munter und gab dem Ross einen Klaps, „Dann hätt'sch jern eine immer volle Flasche Schnaps!" Der Reiter musterte den Schmied aufmerksam, nahm dann schweigend aus einem großen Sack, der auf dem Rücken des Pferdes lag, einen Tonkrug, …

Ein krankes Kind legte er vorm Sonnenaufgang der Sommer- oder Wintersonnenwende auf seinen Amboss, führte seinen Hammer dreimal über dessen Körper und von Stunde an, war's ganz gesund. Schon Krells Schmiedelöschwasser tat heilende Wunder. Dafür musste man es nur sonntags während der Predigt aus der Schmiede holen, damit die Kranken besprengen und ein Heilsgebet aufsagen. Ob es noch heute wirkt, kann ich nicht sagen.

Ich weiß nur, was andere erzählten: Nämlich, dass - als Krell des Lebens endlich müde wurde - er das Lebenselexier an seinen besten Freund weitergab und der wiederum an seinen Sohn und so weiter und so weiter, bis ein Willy Drube, bekannter Apotheker des „Roten Fingerhuts" zu Schierke, den Tonkrug in die Hand bekam und aus dem Gesöff den heute bekannten „Schierker Feuerstein" destillierte.

Die Krell'sche Schmiede ist heute ein Museum, in der man selbst Hand anlegen kann, weiß doch ein jedes Kind, dass „Jeder seines eigenen Glückes Schmied" ist! (dem Volke abgelauscht und aufgeschrieben von Carsten Kiehne)

8

übergab ihn und verschwand grußlos hinter einer dichten Nebelwand. - Im Tonkrug war ein Gesöff aus erlesensten Kräutern, die dafür sorgten, dass der Krell nicht zu altern schien, denn selbst Gevatter Tod konnte sich ihm nicht auf drei Schritte nähern.

Auch mit fast hundert Jahren, schlug er den Hammer noch aufs Eisen, als ob es darum ging, die Welt neu zu formen. Bald schon, sprach sich herum, wie weise der Schmied wäre und, dass er das Böse und alle angehexten Krankheiten bannen könne.

So sollte er, wenn er montags vor Arbeitsbeginn drei Hammerschläge auf den Amboss tat, den Teufel für eine Woche vertreiben können. Sprach er den Namen eines Kranken in ein Eisen, erhitzte er's und tat drei Schläge im Namen des Herrn darauf, so drosch er die Krankheit auch aus dem Leib heraus.

Bild oben links: Die Krellsche Schmiede in Wernigerode; unten rechts: Die Apotheke in Schierke in welcher Herr Drube zuerst den Schierker Feuerstein verkaufte – heute einer der beliebtesten Kräuterliköre!

Mit ganzem Herzen Harzer ... aber warum?

„Warum?", fragte ich mich stets, tut es beinahe schmerzlich weh, wenn ich meinen Harz nur für ein paar Tage verlassen muss? Nein, ich wage es nicht, bei diesem Herzensthema zu übertreiben. Wenn meine Familie mal im Urlaub nach Süden will, genügt mir der Südharz!

Ich bin kein Kasper, ich bin ein Sagen- & Märchenerzähler. Weshalb erklärt das Sprichwort: „Des Lehrers Kin-der und des Bau-ern Vieh, geraten selten oder nie!" Dasselbe sagt man auch von Pastoren-Kindern. Nun, die Hälfte meiner Familie sind Lehrer, die andere Hälfte sind Pastoren. Aus mir konnte nur ein „Laberhannes" werden! Vielleicht also in die Politik gehen? Nein, ich wollte zwar Märchen erzählen, aber sollten es doch lieber schöne und wahre Geschichten ... & zwar die aus meiner Heimat werden. Aber, warum kann ich mir keine Geburtstage oder Termine merken, hunderte Sagen dagegen spielend!?

Ich hatte niemals einen Spitznamen ... & war immer traurig drum. Vor einigen Jahren aber fragte mein vierjähriger Neffe aus Leipzig seine Eltern, als er auf einen Besuch bei mir war: „Mama, wo ist eigentlich der Harz?" – „Na, da! Da ist er doch!", sagten sie und zeigten auf die Berge. „Nein", entgegnete der Kleine, „Der Harz der hier wohnt!" Klaro, erklärten sie doch immer, dass sie „zum Harz" fahren, damit legte sein Kinderverstand kurzerhand fest: „Mein Onkel, der heißt Harz!" – Nie hat mir ein Spitzname besser gefallen ... aber warum?

Etwa genau vor einem Jahr, bekam ich von meinem Großvater ein Geschenk, die Taschenuhr & ein Liedtext von dem Ur-Ur-Ur-Opa meiner Kinder: WILHELM KIEHNE (übrigens Lehrer, dessen Sohn Pastor wurde, genau wie dessen Sohn). Ganz nebenbei erfuhr ich, dass der mit ganzem Herzen Harzer & verliebt in seine Heimatstadt Wernigerode war, ihr gegen 1890 sogar eine Ode widmete: „Wernigerode, sei mir gegrüßt". Ich könnte gerade weinen vor Glück ... und wisst ihr, ich mach's einfach auch!

Harz'liche Grüße, euer Sagen & Märchenerzähler
Carsten Kiehne

Für Groß & Klein :

Suchworträtsel: Oster-Bräuche

Im Text haben sich 20 Begriffe zum Thema Ostern versteckt. Finde mind. 15 Wörter, sende sie bis Ostern an die unten aufgeführte Mail-Adresse & gewinne mit etwas Glück das Buch „*Sagenhafter Nordharz*" – viel Erfolg! 😉

M	H	A	S	E	L	R	U	T	E		
N	M	R	T	R	U	D	E	L	N		
U	H	A	K	C	E	U	L	G	N		
E	A	T	L	U	F	E	E	O	O		
N	H	S	M	E	U	E	T	O	S		
E	N	O	U	Q	A						
N	Z	E	T	N	T						
E	R	R	E	I	E						
U	G	B	E	X	B						
R	A	B	E	K	E						
G	T	S	E	F	G						

carsten.kiehne@gmx.net   *0160/99557252*   *www.sagenhafter-harz.com*

Jahresfest „Ostern"

Ein Fest ohne tieferen Sinn?

Für die meisten Menschen in unseren Breiten, zumindest für Jene, die keinen kirchlichen Bezug dazu haben, ist das Osterfest nur ein weiterer Gag der Konsumindustrie, um Ramsch zu verkaufen & maximale Gewinne ein-zufahren. Wir geben zu viel Geld aus, essen & trinken zu viel, treffen Menschen, die sich Familienmitglieder nennen, zu denen wir aber immer weniger Bezug haben. Entfremden wir uns immer mehr, nicht zuletzt von uns selbst?

Ich will mich einmal hineinträumen in die Zeit, da Frühlingsbräuche noch mehr waren, als das Weitergeben von Asche & das Fortführen toter Rituale, die in uns keinen Funken, keinen Zauber mehr entzünden!

Die dunkle Zeit ist vorüber! Viele Wochen des Hungerns, des notgedrungenen Fastens sind überstanden. Nun blüht es überall. Heilsame, würzige & nährreiche Kräuter schießen aus dem Boden und die Neunkräutersuppe verleiht neue Kraft. Kraft, die wir brauchen, um unsere Toten zu betrauern, bringt doch die kalte Zeit alljährlich & unweigerlich Abschiede mit sich! Karfreitag nennen wir diesen Tag heute, doch fehlt Vielen der Bezug zum eigenen Leben. Hier gedenken wir unserer Verluste …, weinen & ruhen!

Am Samstag tragen wir unseren Weihnachtsbaum zum Osterfeuer. Verbrennen alles Alte, auch unsere Sorgen, unsere Ängste. Die dunklen Seelenanteile halten dem neuen Licht nicht stand, das wir im Herzen begrüßen. Freudig tanzen wir ums Feuer, singen, lachen, küssen & lieben uns vielleicht auch. Die Kinder die am Osterfeuer gezeugt wurden – damals feierte man Ostern zum Tage der Frühlingstagundnachtgleiche, um den 21.03. herum – kamen Weihnachten auf die Welt – die „Christkinder", besonders feinfühlige Menschen. Sie würden die Anderswelt-Wesen sehen & mit ihnen kommunizieren können.

Im Volksmund heißt es spaßhaft: „Wer Ostern mit den Eiern spielt, hat Weihnachten die Bescherung!"

Wer geht Ostersonntag in die Kirche? Unsere Ahnen besuchten ihre Tempel, die heiligen Haine, Buchenwälder mit ihren Opfersteinen. Die gotischen Kathedralen wurden einst den Buchenwäldern nachempfunden, damit sich die Menschen auch hier ihren Göttern nahefühlten! Zuvor aber pilgerten sie zu den Plätzen ihrer Vorfahren, den altehrwürdigen Steinen, um hier heimlich – auf Götzendienst stand unter den Franken die Todesstrafe – ihre Opfer darzubringen, darum versteckten sie die Ostereier an den Opfersteinen & baten um den Segen der Götter. Und, was wünschen wir uns für dieses Jahr?

Ausflugstipp: **Das „Osterspiel" in der St. Cyriakus** in Gernrode/Quedlinburg. Ein einmalig schönes Schauspiel, unterlegt mit meditativen Taizé-Gesängen in einer kulturhistorisch einzigartigen Kirche! – Am Ostersonntag, Beginn: 6:00 Uhr in der Frühe – für einen Sitzplatz rechtzeitig kommen! ☺

Am Ostermontag, gehen wir heilsames Osterwasser holen, vollziehen Wunschrituale & nehmen uns Asche vom Osterfeuer, mit der wir unseren Garten segnen! Wie genau diese Rituale vonstatten gehen, erfahrt ihr z.B. bei unserer ausgeschriebenen Wanderung „Osterwasserholen" – einfach auf Seite 3 bei den „Terminen" gucken & gleich verbindlich anmelden! Ein schönes Osterfest, euer Erzähler

---

Heilende Geschichten

Das Herz öffnen

Lies dir die nachfolgende Sage mit deinem Herzen, ganz so, als wäre sie allein für dich erzählt worden. Lass dich von diesem sagenhaften Augenblick berühren. Was will dir die Geschichte erzählen?

Die Osterjungfrau & die Wunderblume

Es war der Ostermorgen vor vielen hundert Jahren, da ein Leinenweber von seinem vorabendlichen Handel in Clausthal nach Hause kam. Erschöpft von seiner langen Reise, schritt er dösend seines Weges. Plötzlich stutzte er. Was war denn das? Da wandelte vor ihm, eine weißgekleidete, strahlend schöne Jungfer den Berg von der alten Burgruine Osterods herab. Sie hatte ein goldenes Bund Schlüssel am Gürtel, weiß wie Mondglanz und wallend goldenes Haar, das nicht weniger schimmerte. Jetzt hob sie ihr Kleidchen ein wenig und stieg anmutig nackten Fußes in die Söse.

„Gott zum Gruße, holde Jungfer, friert es euch nicht?", fragte der Leinenweber verwundert und hob ehrerbietig seinen Hut.

Wie sie ihm gewahr wurde, lächelte sie freundlich, bedankte sich für seinen schönen Gruß und entgegnete: „Guten Morgen, jeden Ostersonntag wasche ich mich in der Söse, das hält mich jung und schön. Und frieren? Nein, mir ist jedes Mal wunderbar warm, wenn ich warmherzigen Menschen begegne!" – Jetzt bemerkte der Leinenweber die weiße Lilie, welche sich die Osterjungfer an die Brust gesteckt hatte und sprach: „Ihr müsst einen auch warmen Garten haben, wenn ihr zu dieser kalten Jahreszeit schon mit solch schönen Lilien beschenkt werdet." – „Meinen Garten will ich euch zeigen, wenn Ihr wollt!", lachte die Jungfrau geschmeichelt, stieg aus der Söse, hieß den Leinenweber ihr zu folgen und wandelte zur alten Ruine hinauf.

Aber was war das? Hundertmal war der Leinenweber schon hier gewesen und seit sicher tausend Jahren lag das alte Schloss in Trümmern, von Efeu längst überwachsen. Jetzt aber war alles schön und gepflegt und im Garten vor einem eisernen Tore wuchsen drei strahlend schöne Lilien, wie der Mann sie nie zuvor gesehen hatte.

Die Osterjungfer pflücke eine und schenkte sie ihm. Staunend hielt er die Wunderblume in seinen Händen. Doch wie er wieder hinaufsah und sich bedanken wollte, war die liebliche Maid und der Garten und die eiserne Tür verschwunden. Burg Osterod war die gleiche Ruine, die er schon so oft gesehen und besucht. „Seltsam!", dachte er, „Die Blume ist echt, ein Traum war es nicht!", vielleicht war er zu müde, alles recht zu bedenken, also ging er nach Hause zu seinem treuen Weib und wollte sich gerade zum Schlafen legen, als er merkte, dass er im Grunde hellwach war, sich so jung und lebendig fühlte, wie schon seit Jahren nicht mehr. Seine Frau bemerkte freilich diesen Wandel, sah die schöne Lilie und ihr könnt's euch denken, dass sie nun alles wissen wollte.

„Du bist der Osterjungfer begegnet!", sagte des Leinenwebers Weib und war außer sich vor Freude, „Und sieh', die Lilie hat sich zu purem Gold und Silber verwandelt!" Tatsächlich! Der Mann hatte sich schon gewundert, hatte er sich doch für den Rückweg die Lilie an den Hut gesteckt, der mit jedem Schritt nach Hause schwerer und schwerer wurde. Als er noch am gleichen Tage zum Goldschmied ging, um die Lilie schätzen zu lassen, da sagte ihm der Schmiedemeister, dass die ganze Stadt Osterode nicht so viel Geld zusammen sammeln könne, wie diese goldene Lilie wert sei.

Der Herzog hat sie schließlich gekauft und seiner Liebsten zum Geschenk gemacht. An jedem außerordentlichen Festtag ward die Lilie von der Herzogin getragen. Zur Erinnerung an das Osterwunder, nahm man das Lilienmotiv endlich in das hochfürstliche Wappen auf.

*(aufgeschrieben in **„Sagenhafter Südwestharz"**, JETZT UNSCHLAGBAR GÜNSTIG: Nur für dich lieber Leser bis zum Osterfest für 15,- statt 20,-€)*

13

Stell es dir bildlich vor, wie du während des Sonnenaufgangs an einen Bach ganz in der Nähe deines Zuhauses trittst. Die Luft ist sonnengeküsst schon ganz warm, die ersten Vöglein singen, du hörst die kleinen Wellen verspielt miteinander plätschern … & vor dir erhebt sich plötzlich der Geist einer lichten, schönen Jungfrau. Sie lächelt dir zu & winkt dich heran. Ihr Gewand ist ganz aus goldenen Sonnenstrahlen & erfüllten Träumen gewoben. In ihrer Nähe fühlst du dich wunderbar geborgen, glücklich & einfach schön. Was geschieht in dir, wenn sie dir die Wunderblume überreicht? Bedanke dich! ☺

Märchen malend erforschen

Sagen & Märchen wirken heilsam!

Sie sind bunt & farbenfroh. Sie spenden Hoffnung auf Wandel, wecken Mut sich selbst zu ändern & geben Kraft, um an schwierigen Situationen des Lebens zu wachsen. Wie aber kann das Lauschen zu einer eigenen Erfahrung werden, die Körper & Seele heilen? Was braucht es dazu?

Nur wenn Geschichten in den Zuhörern Emotionen auslösen, werden die Geschichten erfahrbar & können so zu einer Wandel bewirkenden eigenen Erfahrung werden.

Zuzuhören ist fürs Herz, wie eine Abenteuerreise zu unternehmen!

Hinterher braucht es Reflexionsräume zum Lernen & Integrieren. Jedes Alter & jeder Mensch hat Vorlieben der Annäherung. Diese sind beispielsweise der Dialog, das Rollenspiel, die Traumreise, die Meditation, der Spaziergang durch die Natur, all das sind Wege, die Bedeutung der Geschichte zu entschlüsseln. Einen weiteren farbenfrohen Weg möchte ich jetzt vorstellen:

Den Weg des Begleiteten Malens

Dazu gehört „sich etwas auszumalen", zu imaginieren, mir also etwas vorzustellen, wie etwas Inneres sich im Außen entwickeln wird. Unserer Sprache liegt das Denken in Bildern zugrunde. Bild für Bild wird erzählend ausgemalt, ausgeschmückt & zu einem Handlungsstrang aneinander gefügt.

Geschichten werden so vor dem inneren Auge der Zuhörerin lebendig. Anders als in einem angeschauten Film, erzeugen die Zuhörer ihre eigenen inneren Bilder und diese haben Aufgrund der Individualität eine große Kraft und Relevanz für das

eigene Leben. Die Bilder passen immer exakt, wie der gläserne Schuh im Grimmschen Märchen „Aschenputtel" nur dieser Einen & zeigen wer die wahrhaftige Braut ist, welche die wahrhaftige Seite in uns repräsentiert!

Nach dem Genuss des Märchens, wählen wir jetzt den Reflexionsweg des Begleiteten Malens. An der Wand stehend wird auf großem Format gemalt.

In der Mitte des Raumes befindet sich der Palettentisch mit 18 leuchtend starken Farben, von denen die Malenden sich bedienen. Generell wird nicht über die zu malenden Bilder gesprochen, jedoch über das, was die Bilder in der Malenden auslösen. Es entsteht ein wertungsfreier, ruhiger Raum. Jetzt sucht sich jede Zuhörerin das Bild aus der Geschichte aus, das sie am meisten beeindruckt hat. Das kann ein berührender Eindruck aus den vorhergegangenen Sagen „Die Krellsche Schmiede" oder die „Osterjungfrau & die Wunderblume" sein, aber genauso irgendein Teilaspekt eines weltbekannten Märchens, wie Aschenputtel (Bsp.: Ihr gläserner Schuh, die Tauben, das Grab mit der Haselrute, das Blut, der Tanz, der Prinz oder andere Elemente). Eines dieser Bilder wird als Standbild gemalt, jedoch nur der berührendste Aspekt daraus. Das Vorgehen ähnelt dem Malen von Träumen in dieser Methode, um deren Botschaften zu übersetzen.

Märchen sind gelebte Menschheitsträume

Im Begleiteten Malen, wie es Michele Cassou oder Bettina Eggers aus dem Malspiel Arno Sterns weiterentwickelt haben, fügt sich nun, durch freie Improvisation, ein neues Bild zusammen. Das Bild wird also von der Geschichte entkoppelt & darf von Bildelement zu Bildelement neu entstehen. So darf sich der Verlauf der Geschichte ändern. Alles was sich nun zeigen möchte ist willkommen. Dabei gibt es, genau wie im Märchen, Helfer & Verbündete. Auch ich stehe als Mal-Begleiterin helfend zur Seite & achte auf die Begeisterung weckende, fesselnde Verbindung zur eigenen wohlwollenden Schöpfungskraft, dem Point Zero, wie es Michele Cassou genannt hat.

Die eigene Schöpfungskraft, unsere Intuition ist eine der mächtigsten Helfer & treffsicher, wie ein Pfeil aus Robin Hoods Bogen.

Point Zero ist die schwarze Mitte der Zielscheibe, der kreative Null- oder Anfangspunkt im Hier & Jetzt.

Dies ist unser innerer Kompass, ohne Anhaftung im Vergangenen, jeden Moment neu und allwissend.

Bedeutsamkeit oder Bedeutung

Als Mal-Begleiterin achte ich darauf, dass sich keine Bedeutsamkeit, eine gewollte Interpretation, einschleicht. Bedeutung ist wie eine kleine Erleuchtung, sie geschieht einfach während des Malens, man muss nicht nach ihr suchen oder mit dem Verstand grübeln. Weitere Verbündete im Begleiteten Malen sind Neugier, Mut & Spiel. So erfährt die Malende ihre Verbindung zu ihren eigenen inneren Bildern & den dementsprechenden Lösungen. Der innere Prozess wird ausgelöst & getragen vom Märchen. Es ist sehr befreiend & beglückend sich diesen inneren Freiraum wieder ins Leben zu holen!

Das Malangebot in Heckenbeck umfasst folgende Angebote:

- Workshop Märchen & Malen auf Anfrage

- Begleitetes Malen erfahren & die eigene entfesselte Kreativität erleben. Jeden Dienstag 17-18:30 Uhr in einer 4er Gruppe

- Block-Angebote an Wochenenden
  Gezielt Themen mit LOM (Lösungsorientiertes Malen) bearbeiten: Wünsche oder Träume erforschen & entfalten; belastende Symptome physischen oder psychischen Ausdrucks, wie Schmerzen oder Ängste, Traumata & Beziehungsprobleme malend ordnen & Erleichterung & Erlösung erfahren.

Weitere Infos, Termine & Kontakt:
www.goldmaria.de/malraum

aufgeschrieben von Maria-Kathleen Zorn

(Dipl.Mal-Begleiterin im LOM, Weiterbildung nach Michele Cassougepr, Märchenerzählerin & Märchentherapeutin, Soz.- Päd. BA)

15

BAD GANDERSHEIM

Losgelöst von Erwartung und Anspruch

Kunsttherapeutin Maria-Kathleen Zorn betreut nun auch Malgruppen für Erwachsene in der Freien Schule Heckenbeck

Das Wissen unserer Ahnen

Ein Kraut für den Kampf & für die Liebe

Als noch die riesigen Braunbären im urwaldbedeckten Harz zuhause waren und nach langem Winterschlaf im Lenzmond ermattet aus ihren Höhlen krochen, bemerkten die Jäger und Weisen des Waldes, dass es die Braunen immer an dieselben Stellen zog: In jenen sumpfigen, Wäldern wuchsen flächendeckend, frische, sattgrüne Blätter, die einen seltsam, aromatischen Geruch verbreiteten. Man könnte auch sagen, es stank zum Himmel! Die Bären aber, die von diesem Duft wie närrisch angezogen worden und begierig die Blätter fraßen, bekamen alle ein gesundes, glänzendes Fell und waren nach wenigen Tagen wieder munter genug, um Beute zu jagen. Darum nannte man jenes Zauberkraut, das den Bären neue Kraft verlieh, den „Bärlauch"!

„Was für Wildtiere gut ist, kann den Ziegen und Kühen doch nicht schaden!", dachte man da und trieb die Herden in den „Waldknoblauch", aber ach, oh' weh, wie schmeckte die gemolkene Milch furchtbar. Sie war einfach ungenießbar! So überließ man das Kraut den Gelehrten, den Druiden, die bald bemerkten, welche Kraft in der kleinen Pflanze steckte. Wenn solch ein Pflänzlein die Mattheit der wildesten Tiere besiegt, so muss sie auch den Teufel vertreiben können, schlussfolgerten sie … und wirklich: Der Bärlauch reinigte das Blut, wirkte entgiftend, half damit auch gegen böse Krankheitsgeister, gegen Hexen und Schlangen. Dadurch entstand der Beiname „Schlangen-knoblauch". Keltische Krieger aßen ihn vor der Schlacht, weil der Bärlauch Bärenkräfte verlieh und den ganzen Körper außerordentlich belebte.

Den ganzen Körper??? Ja, selbst das geringste Glied eines Mannes erwacht mit regelmäßigem Bärlauch-Konsum aus der winterlichen Trägheit, wird lebendig und von furioser „Tatkraft" erfüllt.

Kein Wunder, dass manch eine Dirn ihn zum Brauen ihres Liebestranks brauchte. Allerdings musste sie ihn vor Walpurgis sammeln, da der Bärlauch mit jener Nacht seine Zauberkraft einbüßt! Heimlich schlich sich manch wollüstiges Weib ins Dickicht, kam grinsend wieder daraus hervor, um zuhause ihren Kessel zu befeuern. Ein Sud aus Alledem gebraut: Acht Blätter von dem rechten Kraut, drei Tropfen Blut vom rechten Tag, ein Haar vom Mann den sie gern mag, ein Haar von ihrer rechten Stelle, gerissen in der rechten Nacht, der Quirl schnürt Zauber mit der Acht und noch den Spruch hineingerührt, dem Liebsten dann nur noch dies eingeführt: „Hoher Bärengeist, lass ihn meine Schönheit & meine Stärken mit neuen Augen sehen, lass ihn vom Wind unseres Schicksal umwehen. Hoher Bärengeist, binde mich an ihn, so wie du ihn an mich bindest. Binde ihn so fest, dass er mich niemals verlässt!"

Yipppieh, im Harz ist Bärlauch-Sammelzeit!!! 😊
(aufgeschrieben von Carsten Kiehne; mehr Kräutersagen mit Heilanwendungen & altüberlieferten Rezeptideen im Buch „Kräutersagen aus dem Harz"!)

17

Teamseite:

Sagen- & Märchenerzähler gesucht

Diese Kunst, gute Geschichten zu erzählen, alte Tage wieder aufleben zu lassen, mit dem Herzen mitzufühlen … einmal wieder mit großen Augen & offenem Mund lauschen & staunen! Die Welt braucht gute Erzähler, welche die Menschen an die guten Dinge, an die dahinterliegenden Wahrheiten & an den tieferen Sinn erinnern.

Was uns glücklich stimmt: „Sagenhafter Harz" bekommt mittlerweile so viele Anfragen von Schulen, Kindergärten, Vereinen, privaten Gruppen, dass wir nahezu nur jede zweite Anfrage annehmen können. Wie schade, da die Menschen unsere Arbeit sehr zu schätzen scheinen & sich darüber freuen würden, wenn wir Zeit für sie hätten. Um es mehr Menschen zu ermöglichen, altüberlieferten Sagen & Märchen zu lauschen, suchen wir Erzähler, oder die, die es werden wollen, um ein Netzwerk zu gründen!

Maria-Kathleen Zorn & Carsten Kiehne

carsten.kiehne@gmx.net & 0160 / 9955 7252

18

Basisworkshop zum Erzähler (19.-21. Juni '20)

Der Grundkurs zum Sagen- & Märchenerzähler im lädt dazu ein, sich selbst als Erzähler auszuprobieren, mutiger vor einer Gruppe fremder Menschen zu sprechen und das Erzählen als Berufsfeld kennen zu lernen. Wen das Wochenende begeistert, der kann sich nach dem Basis-Workshop zur einjährigen Erzähler-Ausbildung von "Sagenhafter Harz" anmelden (Beginn im Oktober 2020 - nähere Informationen demnächst auf unserer Homepage www.sagenhafter-harz.com).

THEMEN:
Märchen-Phantasiereise, Rollenspiel & Meditation; Kennenlernen verschiedener Erzählformen & Anwendungsbereichen; Achtsames Wandern zu einem sagenumwobenen Kraftplatz im Harz; Abgrenzung Anekdote, Sage, Märchen & Mythos; Anleitung zum Erzählen & Selbst ausprobieren; Erzählmöglichkeiten oder: "Vom Hobby zum Beruf"

TEILNEHMERZAHL: 4-10 Personen
DURCHFÜHRENDE: Maria-Kathleen Zorn & Carsten Kiehne
PREIS: Seminargebühr von 220,-€ pro Person

Wer, wie, was, warum? ... Wer nicht fragt, bleibt ...

Naja, zumindest wird er nicht unbedingt schlauer! Wir haben in den „Weggefährten" diese neue Rubrik eingerichtet, weil wir immer wieder ähnliche Fragen bekommen, die scheinbar für die Allgemeinheit von großem Interesse sind. Hier kommst also du zu Wort, mit deinen Fragen, Meinungen & deiner konstruktiven Kritik. Immer her damit. Das Dr.Sommer-Team der Harzer Sagen freut sich auf euer Input! ☺

Willi aus Blankenburg: *„Woher habt ihr all die Sagen? Denkt ihr sie euch aus?"*

Hey Willi, super Frage! Wir, das heißt „Sagenhafter Harz" haben ein riesiges Archiv mit teils bis zu 250 Jahre alten Büchern, insgesamt werden es so an die 1.500 Stück sein. Knapp 400 Ausgaben beziehen sich allein auf's Thema Sagen! Oft war es in der Vergangenheit so, dass wir einen Anruf bekamen, irgendeine liebenswerte, ältere Person war dran & fragte, ob wir Interesse an diesem oder jenen Büchlein

hätten. Ihre Ange-hörigen fänden das Thema nicht so spannend & sie wolle, dass der Schatz in gute Hände käme. Jede Woche haben wir solche Gaben im Postkasten, zuletzt ein Harzer Wanderführer aus dem Jahre 1823! Du kannst dir vorstellen, wie in unsere Augen im Angesicht eines solchen Präsentes Glückstränchen funkeln! Wir werden noch lange, fast vergessene Geschichten zutage fördern können! ☺

Andreas aus Herzberg: *„Ihr sagt, ihr sucht Sagenerzähler! Ist das nur ein Werbegag, um eure Erzähler-Workshops vollzukriegen?"*

Wow, das ist echt mal eine direkte & offensive Frage – danke dafür! ... Okay, zum Anfang musst du wissen, dass kein Teammitglied hauptberuflich für den „Sagenhaften Harz" arbeitet. Wir haben im September 2013 die Interessensinitiative gegründet, um die heimatlichen Geschichten zu retten & sind alle mehr oder weniger so verrückt genug, uns immer mehr diesem spannenden Thema zu verschreiben!

Man muss schon ein bisschen durchgeknallt sein, um Gruppen durch die Pampa zu führen & diese sagenumwobenen Orte freilich zuvor selbst einige Male aufgesucht & wirklich kennengelernt zu haben. Mittlerweile bekommen wir unglaublich viele Anfragen, auch aus der Ferne, von Schulen, Kindergarten, Vereinen, die wir gar nicht alle bedienen können. Wir nehmen im Schnitt jede 2. Anfrage an. Einerseits sind wir unglaublich dankbar für das Interesse an unserem Lieblingsthema, andererseits sind wir unsagbar traurig, wenn wir 50% aller Anfragen ablehnen müssen, vor allem dann, wenn es um Anfragen von Schulen geht. Früher hatten wir zum Beispiel Zeit, mehrtägige Jugendweihewanderungen anzubieten, verbrachten dann mit 8.Klässlern einfach 4-5 Tage im Wald, erwanderten den Harzer Hexenstieg etc., das waren wirkliche tolle Abenteuertouren! Ein Netzwerk von qualifizierten Erzählern, würde sicherstellen, Sagen am Leben zu erhalten!

19

Sagenhafte Sagensammler

Sagensammler??? Heute kennt jeder die Gebrüder Grimm! Ludwig Bechstein, ja, den hat man auch schon mal gehört. Aber wer zum Teufel sind Nachtigall, Pröhle oder Büsching? Von Letzterem haben Erstere sogar abgeschrieben, ohne schlechtes Gewissen zu haben! Die meisten der alten Sagensammler, die wirklich noch zu Fuß unterwegs waren, um alte Erzählungen zu er-halten, kennt heute leider kaum noch jemand. Einer der Wichtigen ist:

Theodor Nolte

(1848 in Magdeburg - 1919 in Thale)

*I*n jungen Jahren verlor Theodor Nolte seine Eltern & sollte bei seinem Onkel in Burg bei Magdeburg leben. Sein Oheim drängte darauf, dass er das Bäckerhandwerk zu erlernen hätte. Noltes Wunsch zu studieren oder irgendwo anders ein eigenständiges Leben zu beginnen, wurde ihm mehrfach unter Zwang & Gewalt verwehrt. Erst mit dem Deutsch-Französischem-Krieg 1870/71, sah er eine Gelegenheit gekommen, aus seinem alten Leben auszubrechen, indem der in seiner Freizeit Poesieliebende & Gedichteschreibende sich dem Soldatentum verschrieb. Nach dem Kriege zog es Nolte auf Wanderschaft durch Deutschland, bis er sich in Quedlinburg am Harz als Bäcker niederließ.

Neben seiner Liebe zu den Bergen fand er hier einen weiteren Schatz, der imstande war, seinem Herzen eine wirkliche neue Heimat zu geben: 1877 heiratete er sie, die jüngste Tochter des verarmten Rittergutsbesitzers und Schlossherren Olberg.

Die Frau an seiner Seite half ihm, endlich das Bäckerhandwerk aufzugeben und sich seinen Träumen zu widmen. Gemeinsam zogen sie nach Thale, wo er einen Verkaufsstand für Harzandenken einrichtete und ferner seinen Lebensunterhalt damit bestritt, Touristen durchs Bodetal zu führen, Gedichte zu schreiben, diese in Bänden zu veröffentlichen & diverse Bücher zur Region herauszugeben. Nebenbei beschäftigte er sich damit, die Kultstätten seiner neuen Heimat zu erforschen und setzte sich in vielerlei Dingen ehrenamtlich dafür ein, die junge Stadt Thale touristisch voranzubringen. …

Werke (Auswahl)

- Die Roßtrappe als heidn. Opferstätte des Germanentums
- Meinem Bodetal, Gedichtsammlung
- Die Edda, Evangelienbuch des Germanentums & ihre Beziehungen zum Bergtheater
- Der altheilige Opferstein in der Walpurgishalle auf dem Hexentanzplatz

Damit sie unvergessen bleiben …, unsere Hommage an die alten Sammler & Erzähler:

Sagenhafte Sagensammler

(ein Portrait der 30 bekanntesten Harzer Sammler & jeweils eine ihrer Sagen, 13,90-€)

Im Handel oder über uns …

Altüberliefertes

Woher der Name „Hexentanzplatz" kommt

Wie die Geschichte nachweist, waren es gerade die hier wohnenden, trotzigen Sachsen, die dem in heiligem Eifer zu gewaltsamer Verbreitung des Christentums entbrannten Karl dem Großen den heftigsten Widerstand entgegensetzten. Schließlich doch unterlegen, zogen sich die eifrigsten Anhänger der alten Lehre grollend in die Harzberge zurück, um hier ungestört dem alten Glauben ihrer Väter leben zu können und ihren Kultus, zumal die Feier der religiösen Feste, zu pflegen. Doch auch hier ließ man ihnen keine Ruhe; die christlichen Sendboten hatten ihre Spione, hohe Strafen an Gut und Leben wurden über die Widerspenstigen verhängt, diese griffen deshalb zur Gewalt und List und aus jener Zeit stammt dann auch die Entstehung des Namens Hexentanzplatz.

Priester aber sandten Wachen und Wächter, um dies zu verhindern. Was nun mit offener Gewalt nicht zu erzwingen war, erreichte man durch List. Es kam hierbei den alten Sachsen sehr zu statten, dass die Christen die Heidengötter zu Teufeln degradierten und die Feier ihrer Feste als Satansspiel gestempelt hatten. Hierauf fußend vermummten sie sich und zogen auf Besen und Knitteln reitend, mit fürchterlichem Geschrei und Gejohle in der Walpurgisnacht an dem in grausige, abergläubische Furcht und Schrecken gejagten, zitternden Wächtern ungehindert vorbei, um auf dem Plateau des Hexentanzplatzes ungestört das Fest der Väter zu feiern. Diese, eine ganze Zeit lang mit dauerndem Erfolge ausgeführte Manipulation, gab Veranlassung zur Entstehung des Namens Hexentanzplatz, sowie zu den Sagen der Walpurgisnacht, deren Schauspiel in gleicher Weise nach hier, wie auf den Brocken, verlegt wurde."

Vorerst benutzte man den Wall zum Schutz gegen einen etwaigen Überfall bei der Feier religiöser Feste, namentlich des am 1.Mai, der jetzigen Walpurgisnacht, abgehaltenen. Zu demselben erscheinen auch alle, in dem Flachland der Umgegend wohnenden Anhänger; die christlichen

(aufgeschrieben von Theodor Nolte in „Rosstrappe, Hexentazplatz, Bodetal in landschaftlicher & geschichtlicher Beziehung & ihre Sagenwelt", 1892)

21

Goethe's Variante

Die Ballade der ersten Walpurgisnacht

Ein Druide: *Es lacht der Mai! Der Wald ist frei von Eis & Reifgehänge. Der Schnee ist fort; am grünen Ort erschallen Lustgesänge. Ein reiner Schnee liegt auf der Höh; doch eilen wir nach oben, begehn den alten heil'gen Brauch, Allvater dort zu loben. Die Flamme lodre durch den Rauch! So wird das Herz erhoben.*

Die Druiden: *Die Flamme lodre durch den Rauch! Begeht den alten heil'gen Brauch, Allvater dort zu loben! Hinauf! hinauf nach oben!*

Einer aus dem Volke: *Könnt ihr so verwegen handeln? Wollt ihr denn zum Tode wandeln? Kennet ihr nicht die Gesetze unsrer harten Überwinder? Rings gestellt sind ihre Netze auf die Heiden, auf die Sünder. Ach, sie schlachten auf dem Walle unsre Weiber, unsre Kinder & wir alle nahen uns gewissem Falle.*

Chor der Weiber: *Auf des Lagers hohem Walle, schlachten sie schon unsre Kinder. Ach, die strengen Überwinder! Und wir alle nahen uns gewissem Falle.*

Ein Druide: *Wer Opfer heut zu bringen scheut, verdient erst seine Bande. Der Wald ist frei! Das Holz herbei & schichtet es zum Bande! Doch bleiben wir im Buschrevier am Tage noch im stillen & Männer stellen wir zur Hut um eurer Sorge willen. Dann aber lasst mit frischem Mut uns unsre Pflicht erfüllen.*

Chor der Wächter: *Verteilt euch, wackre Männer, hier durch dieses ganze Waldrevier & wachet hier im stillen, wenn sie die Pflicht erfüllen.*

Wächter: *Diese dumpfen Pfaffenchristen, lasst uns keck sie überlisten! Mit dem Teufel, den sie fabeln, wollen wir sie selbst erschrecken. Kommt! Mit Zacken & mit Gabeln & mit Glut & Klapperstöcken lärmen wir bei nächt'ger Weile durch die engen Felsenstrecken. Kauz & Eule, heul in unser Rundgeheule!*

Chor der Wächter: *Kommt mit Zacken & mit Gabeln, wie der Teufel, den sie fabeln & mit wilden Klapperstöcken, durch die leeren Felsenstrecken! Kauz und Eule, heul in unser Rundgeheule!*

Ein Druide: *So weit gebracht, dass wir bei Nacht Allvater heimlich singen! Doch ist es Tag, sobald man mag, ein reines Herz dir bringen. Du kannst zwar heut & manche Zeit dem Feinde viel erlauben. Die Flamme reinigt sich vom Rauch: So reinig unsern Glauben & raubt man uns den alten Brauch: Dein Licht, wer will es rauben!*

Ein christlicher Wächter: *Hilf, ach hilf mir, Kriegsgeselle! Ach, es kommt die ganze Hölle! Sieh, wie die verhexten Leiber durch & durch von Flamme glühen! Menschenwölf & Drachenweiber, die im Flug vorüberziehen! Welch entsetzliches Getöse! Lasst uns, lasst uns alle fliehen! Oben flammt und saust der Böse; aus dem Boden dampfet rings ein Höllenbroden.*

Chor der christlichen Wächter: *Schreckliche, verhexte Leiber, Menschenwölf & Drachenweiber! Welch entsetzliches Getöse! Sieh, da flammt, da zieht der Böse! Aus dem Boden dampfet rings ein Höllenbroden.*

Chor der Druiden: *Die Flamme reinigt sich vom Rauch: So reinig unsern Glauben & raubt man uns den alten Brauch: Dein Licht, wer kann es rauben!* (aufgeschrieben von Goethe, 1799)

Carsten Kiehne

Ein Walpurgis-Ritual

Lodern, lockern, locken, lieben

Das Walpurgisfest (einst das Fest Beltaine, irisch „helles Feuer"), Fest an der wallumsäumten Homburg, eher bekannt als Hexentanzplatz, war einst das Hochzeitsfest von Gott & Göttin, also von Wotan & Frija. Die Äbtissin Walburga, Schutzheilige gegen Dämonen, hat nichts damit zu tun – es ist ein Ammenmärchen, wie wir viele zu hören bekommen. Gott sei Dank, können wir uns heute entschließen zu glauben, was wir wollen & was sich tief in unserem Herzen richtig anfühlt! ☺

Mann & Frau & Kind & Kegel pilgerten am 5. Vollmond nach dem Julfest (Wintersonnenwende) – nicht wie heute am festgesetzten Kalendertag (30.04.) – zum Lindenplan, wie der Tanzplatz über Thale noch vor dem Jahre 1500 gemeinhin hieß & feierten den bezwungenen Winter, die wiedererwachte Natur. Wiedererwacht durch den Kuss zweier Götter, die sich in Liebe füreinander & damit fürs Leben entschieden. Zwar feierte man früher die Hochzeit durchaus frivoler, leidenschaftlicher, mit ganzem Körpereinsatz, durchaus auch mit öffentlichem Sex, wie Goethe es so wunderbar in seiner Walpurgisnachtszene beschrieb … aber bleiben wir in unserem Ritual bei einem Kuss!

Eigentlich ist das Walpurgis-Ritual ein Fest der Gemeinschaft! Urian würde sagen: „Vielen von euch ist's peinlich, sich so närrisch aufzuführen, einmal den Schlips abzuschnüren & richtig durchzubrennen, denn ihr habt alle faustdicke Stöcker im Arsche stecken!" Manch einer möchte das vorerst seltsam anmutende Ritual also vielleicht für sich allein tun:

Denn, vor dem Kuss, entzünde ein Feuer – vielleicht in einer Feuerschale im Garten. Schreibe all die alten Themen auf, die du nun loswerden möchtest, die sich in den Flammen des neuen Jahres verwandeln dürfen. Gibst du deine alten Themen ins Feuer & siehst du sie dort verbrennen, so werden die damit verbundenen Energien frei, glaubten zumindest unsere Ahnen. Doch bei diesem „seichten" Ritual soll es nicht bleiben. Um innerlich wirklich etwas zu bewegen/zu verändern, musst & darfst du über deinen Schatten springen, dem Schatten von Anstand & Normalität. Die Walpurgisnacht, war eine Nacht des Chaos, eine Nacht im April & der bekanntlich „macht was er will"! Werd' also verrückt, knall einmal richtig durch, spüre, wo dein Körper sich nach Bewegung sehnt, wo trotz unserer Gesellschaft der überangepassten Benimmdichs, noch wunderbar natürliche, ausgelassen kreative, wonnesuchende, tollwütige Wildheit in dir ist!

23

Du wirst sehen, dass die Sonne, die am anderen Morgen aufgeht, eine gänzlich andere ist! Nur für dich strahlt sie heut ein wenig heller. Fühle dich also ruhig von ihr geküsst & dich durch diesen neuen Morgen getragen! – Viel Spaß bei diesem ganz anderen „Tanz in den Mai", wünscht dir dein Team von „Sagenhafter Harz"

Eine echte Hexe!?

Und dann schüttle dich, ganz langsam am Anfang, dann immer ausgelassener. Klopfe jeden Körperteil zuerst sanft, dann immer heftiger ab. Du wirst merken, bald bist du es gar nicht mehr selbst, der klopft. Du wirst abgeklopft & ausgeschüttelt werden. Werd' wild, sei Wildheit. Der Meditationslehrer Osho nennt das „Dynamische Meditation" & es hilft. Es hilft, neu zu werden, sich auszutoben. Atme auch wilder, erzähle Kauderwelsch – lasse jede Silbe aus deinem Mund fahren, in welcher Tonlage auch immer. Bilde keine Wörter, mache einfach Geräusche. Zuerst fühlt es sich seltsam an, ja sogar verrückt, danach geschieht es ganz von selbst! Schreie wenn du magst – hüpfe, drehe dich, tanze um dein Leben, tanze ums wild flackernde Höllen-Feuer, solange du magst & noch länger. Bewege dich nicht, wie du es in der Tanzschule gelernt hast, werde frei, lass dich bewegen, von innen heraus, von den Flammen berührt, von den Winden geküsst. Tanze, bis du ganz & gar aus der Puste bist!

Hölle – Hel – Holle – es ist das Feuer der Frau Holle, sie nimmt die Toten zu sich & gibt neues Leben. Sie nimmt alle alten Anteile, Mattigkeit, Krankheiten, Sorgen & Ängste & verwandelt alles zu frischem Mut! Wenn du ein richtiges Feuer gemacht hast, springe drüber! Alle Krankheitsgeister, alle Schatten würden bei diesem Glückssprung verbrennen. Springst du gar mit deinem Partner übers Feuer, wäre das euer Glück, denn dann bleibt die Liebe frisch, heißts in den Sagen! Und drüben, drüben auf der anderen Seite – ist der Sprung geschafft, geglückt, lass dich fallen, bleib liegen, verschmilz mit Mutter Erde. Dieser „Kuss" von Himmel und Erde, von den Winden & dem Kontakt zum Boden, ist so unglaublich heilsam & belebend!

Noch heute ist das Wort „Hexe" ein Schimpfort, einst diffamiert von der Kirche, um sich der „starken Frauen" & dem Naturglauben zu erwehren! Doch eine wahre Hexe, eine Trude (Priesterin, männlicher Gegenpart Druide, wir kennen ihn von „Asterix & Obelix") hat nichts mit „schwarzer Magie" oder angedichtetem Hokuspokus zu schaffen! Sie war die schöne Seele des Volkes, heilkundig & hellsichtig. Eine Hexe wurde in vielerlei Dingen um Rat gefragt, war quasi Priesterin, Ärztin, Apothekerin, Streitschlichterin, Richterin uvm. in einer Person – vieles von ihrem alten Geheimwissen steckt tief in den Sagen verborgen.

24

Lust darauf, einer wirklichen Hexe zu lauschen & ihr bei ihren Künsten beizuwohnen? Dann fragt gerne nach einer individuellen Führung (Betreff „Ise"):

manupetri@web.de & carsten.kiehne@gmx.net

Unsere Veröffentlichungen

Beiträge für Heimatkunde

- Sagen & Märchen von Bad Suderode
- Sagen & Mythen von Thale
- Die schönsten Quedlinburger Sagen
- Bad Suderöder Anekdoten
- Sagenhaftes Halberstadt
- Gernröder Sagen
- Sagen von Ballenstedt & dem Selketal
- Quedlinburger Anekdoten
- Sagenhaftes Blankenburg

Sagen für Kinder

- Die Sage der Rosstrappe
- Die Sage vom Hexentanzplatz
- Die Unsichtbaren Helfer von Quedlinburg

Diverse Sagensammlungen

- Bekannteste Sagen aus dem Ostharz (2016)
- Sagenhafter Südwestharz (2017)
- Sagenhafter Brocken (2017)
- Kräutersagen aus dem Harz (2018)
- Sagenhafte Sagensammler (2018)
- Sagenhafter Nordharz (2019)
- Sagenhafter Südharz (2019)
- Sagenhaftes Glück (2020)

Neue Postkartenkollektion „SAND"

Wir freuen uns riesig, euch unsere limitierte Postkartenkollektion für dieses Jahr vorzustellen:

Gemeinsam mit Maik Alexander Sand, ein guter Freund & Künstler, der auf der Wappenburg Salamander in Schierke seine Ausstellungsräume eingerichtet hat, gestalteten wir Postkarten zu seinen sagenhaften, abstrakten Harzimpressionen! Die 5 Karten sind für 6,-€ nur bei „Sagenhafter Harz" bestellbar!

PS: In Kürze wird das Buch „Sand" mit 20 Gemälden des Künstlers & den dazu gehörigen Geschichten erscheinen! 😊

Sagenhaftes für Kinder

Einen Hexenbesen selber binden

Du brauchst: Ein Taschenmesser mit Säge; Seil Draht oder junge Weidentriebe; eine pralle Hand voll Birkenreisig (kleine Zweige) & einen stabilen, geraden Birkenstock (ca. 1,5 Meter lang)!

Mit einem solchen Hexenbesen, wurden nicht nur Stuben & Küchen ausgefegt, sondern zu Walpurgis (das frühe Fest Beltaine) & Halloween (Samhain) auch alle bösen Geister aus dem Haus vertrieben! An die Wand über deinem Bett aufgehängt, verscheucht der Besen auch deine bösen Träume.

Du willst loslegen? Nimm eine Hand Birkenreisig & drücke es fest zusammen. Umbinde das Bündel mit zwei jungen Weidentrieben (oder Draht) gut & fest. Du kannst natürlich auch deine Eltern fragen, ob sie dir helfen!

Im nächsten Schritt, schnitze aus einem Ende des Stockes eines Spitze. Beachte dabei die Schnitzregeln:

1. Schnitzen im Sitzen!

2. Mit dem Messer vom Körper weg schnitzen &

3. Aufpassen, dass niemand in der Nähe des Messers steht!

Stecke jetzt den angespitzten Stock einfach tief ins gebundene Reisig, damit wird das Bund von alleine fester & … fertig ist dein eigener Hexenbesen!!! ☺ Super!

Verzweifle aber nicht, wenn's nicht sofort klappt – ich musste es auch mehrmals probieren! Mit jedem Besen, den Du baust, wirst du besser werden – Übung macht den Meister, …

…ich meine freilich „die Hexe" oder „den Zauberer"!

Spiele mit dem Hexenbesen

Wettrennen

Lege dir mit Stöckern eine Start- & eine Ziellinie auf den Boden. Jeder nimmt seinen Besen zwischen die Beine & ab geht der Flug. Wer kommt am schnellsten ans Ziel? Gerade keine andere Hexe, kein Zauberer in der Nähe? Kein Problem, stoppe selbst die Zeit, die du bis ins Ziel brauchst. Kannst du dich verbessern?

Balanceakt

Wie lange kannst du den Besen, mit dem Stiel auf dem Zeigefinger in der Luft balancieren? Wirst du geschickter, wenn du übst? Probiere es mal aus: Deinen Besen mehr als 10 Sekunden in der Luft zu halten ist schon fast echte Zauberei! ☺

Fangen

27

Die Hexe hat den Besen zwischen den Beinen & fängt die anderen Kinder. Da die anderen keine Hexen sind, also keine Besen haben, dürfen sie nur auf einem Bein weghüpfen (aber auch die Beine wechseln). Wer abgeschlagen wurde, bleibt solange versteinert stehen, bis er von einem anderen Kind befreit wurde. Derjenige ist wieder frei, der „dreimal umhüpft" wurde! Kann die Hexe in 5 Minuten alle Kinder versteinern?

Freunde & Sponsoren

28

Du schätzt unsere Arbeit und willst die Interessensinitiative „Sagenhafter Harz" unterstützen?

Dann empfehle uns gerne weiter, beteilige dich an einem Buchsponsoring und /oder kaufe gern eines unserer Bücher. Damit hilfst du, unsere Heimatgeschichte lebendig zu erhalten. Soll deine Firma hier an dieser Stelle beworben werden? Schreib an: carsten.kiehne@gmx.net

Freu dich auf Mitte Juni, dann kommt unsere Sommer-Ausgabe „Heilkräuter in den Sagen & Märchen"! ☺